www.ingramcontent.com/pod-product-compliance
Lightning Source LLC
Chambersburg PA
CBHW041646150726
48005CB00015BA/2412

لحظه‌های آخر

سایه‌های سیاه اعتراضات در ایران

هیربد هیومن

۲۵۸۳

فهرست

از صمیم قلب از دوست عزیزم، هرمس که حمایت و راهنمایی بی‌بدیل او در خلق و تولید این کتاب نقشی اساسی داشت، سپاسگزارم. دانش، تشویق و حمایت‌های بی‌دریغ او در هر قدم که برداشتم همراه من بود و من قدردانم.

تقدیم به زنان و مردان شجاع ایران، که با فداکاری‌های خود راه آزادی را با مبارزه با ظلم و بی‌عدالتی روشن می‌کنند. شجاع ترین عمل در برابر استبداد این است که برخیزیم و حقیقت را بگوییم، حتی وقتی جهان سکوت را برمی‌گزیند.

تاریخ شما را فراموش نخواهد کرد!

مقدمه

وظیفه هنرمند تنها به خلق آثار هنری محدود نمی‌شود؛ بلکه مستندسازی از حقایق تلخ زمانه خود برای کسانی که از این واقعیت‌ها بی‌خبرند و برای نسل‌های آینده به منظور جلوگیری از تکرار فجایع انسانی نیز از وظایف اوست. در طول تاریخ، هنرمندان، به‌ویژه نویسندگان، به‌عنوان روایت‌گران صادق دوران خود عمل کرده‌اند. نویسندگان بزرگ این نقش را ایفا کرده و جوهره زمانه خود را از طریق آثارشان حفظ کرده‌اند.

این مجموعه شامل شش داستان است که سرنوشت افرادی را روایت می‌کند که در برابر ظلم ایستادگی کرده و حقوق خود را مطالبه کردند. به‌عنوان یک ایرانی، این داستان‌ها

را نوشته‌ام تا واقعیت‌های تلخ زندگی تحت حکومت جمهوری اسلامی ایران را به تصویر بکشم. در کشورهایی که تحت کنترل رژیم‌های ایدئولوژیک و تمامیت‌خواه هستند، اعتراضات ساده می‌تواند جان و سلامت مردم را به خطر بیندازد. من خود از این نابرابری‌ها فرار کرده و اکنون در ایالات متحده زندگی می‌کنم. کسانی که از خشم ظالمان سیاسی و مذهبی فرار می‌کنند را همانند سربازانی می‌بینم که به دنبال کمک برای نجات بازماندگان خود می‌دوند.

من در سال ۱۳۵۷، همان سالی که شاه سقوط کرد و شورش پنجاه و هفت رخ داد، به دنیا آمدم. چهار دهه سکوت جامعه بین‌الملل باعث شد که من و دیگران مانند من، کودکان جنگ، گلوله، آتش، زندان، شکنجه و اعدام باشیم.

این داستان‌ها از تجربیات شخصی من و ساعت‌ها مصاحبه با قربانیان نقض حقوق بشر در ایران، زندانیان، خانواده‌های آن‌ها، سربازان، شکنجه‌گران و سیاستمدارانی که به عمق جنایات خود پی برده‌اند و اکنون به دنبال جلوگیری از ادامه این فجایع هستند،

برگرفته شده است. اگرچه نام‌ها و جزئیات این داستان‌ها خیالی هستند، اما دانش و اطلاعات من از مصاحبه‌ها و تجربیات شخصی حاصل شده است. هر کلمه بیانگر لحظات تلخی است که از شیرینی زندگی برای آن‌ها باقی مانده است.

این روایت‌ها نوری بر مردان و زنانی می‌تاباند که فراتر از تمایلات سیاسی‌شان، تنها به دنبال آزادی و برابری بوده‌اند؛ ارزش‌هایی که جهان، به‌ویژه دنیای غرب، آن‌ها را به‌عنوان حقوق بنیادی انسان‌ها اعلام می‌کند. این داستان‌ها زندگی کودکانی را نشان می‌دهد که والدین خود را به بی‌رحمانه‌ترین شکل از دست داده‌اند، اغلب بدون حتی یک قبر برای سوگواری. این‌ها داستان‌های بازماندگان وحشت و ناامیدی هستند.

این داستان‌ها را نوشتم تا تاریخ این افراد شجاع، دختران و پسران، مردان و زنان، و کودکان را فراموش نکند. این روایت‌ها با هدف جلوگیری از استفاده سیاست‌مداران از شعارهای آزادی در حالی که میلیون‌ها نفر برای حقوق ابتدایی خود قربانی می‌شوند، نوشته شده‌اند. امید من

این است که کسانی که مدعی آزادی هستند با جانیان تاریخ سازش نکنند و نسل‌های آینده بدانند که چگونه جان‌های ارزشمند به‌راحتی برای طمع سیاسی و قدرت‌طلبی قربانی می‌شوند.

این مجموعه گواهی است بر کسانی که رنج کشیده‌اند و دعوتی است برای یادآوری و تجلیل از مبارزات آن‌ها. این یک درخواست ساده برای عدالت است که قرار است به‌طور عمیق تأثیر بگذارد و اقداماتی را علیه فجایعی که همچنان جهان ما را گرفتار کرده‌اند، الهام بخشد.

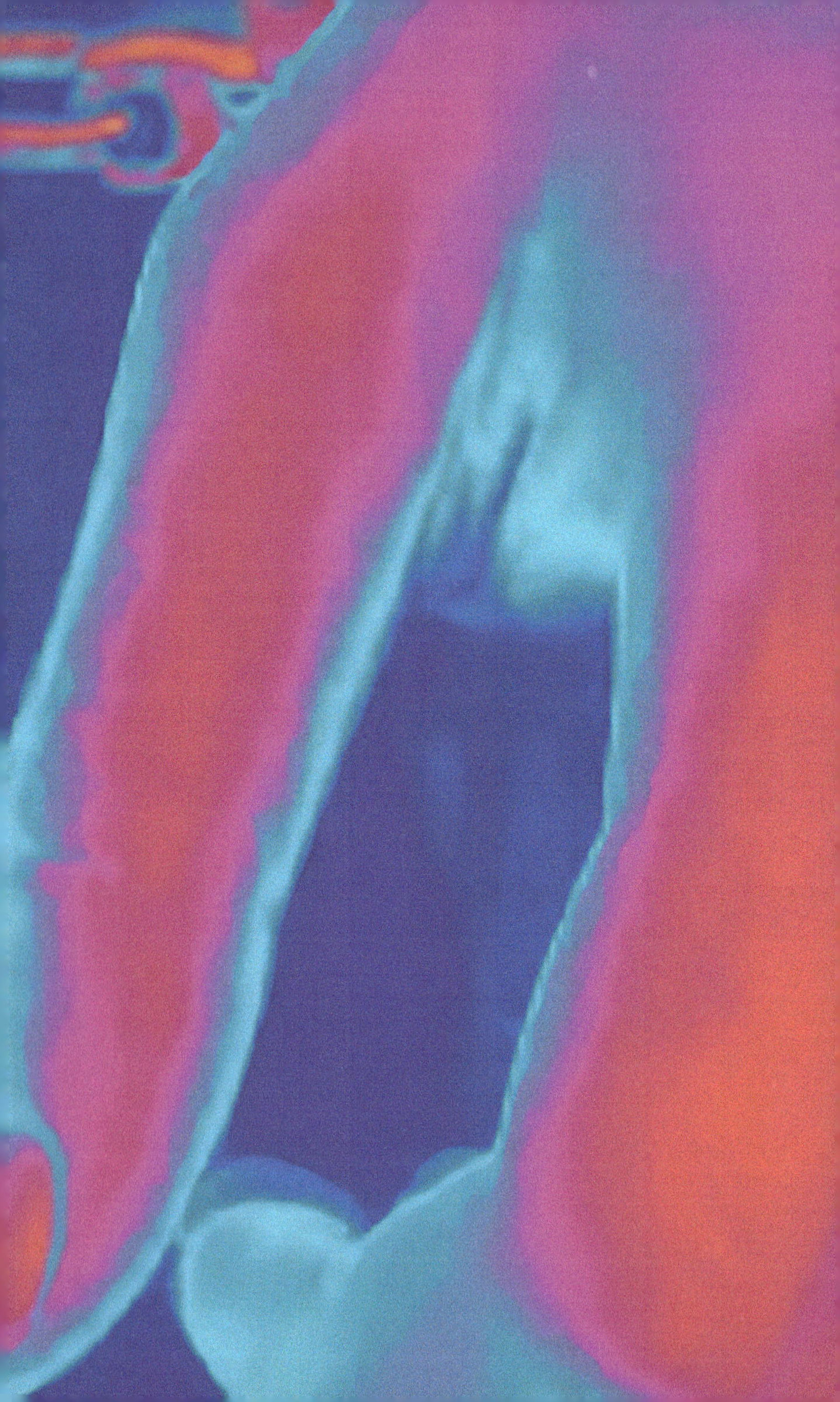

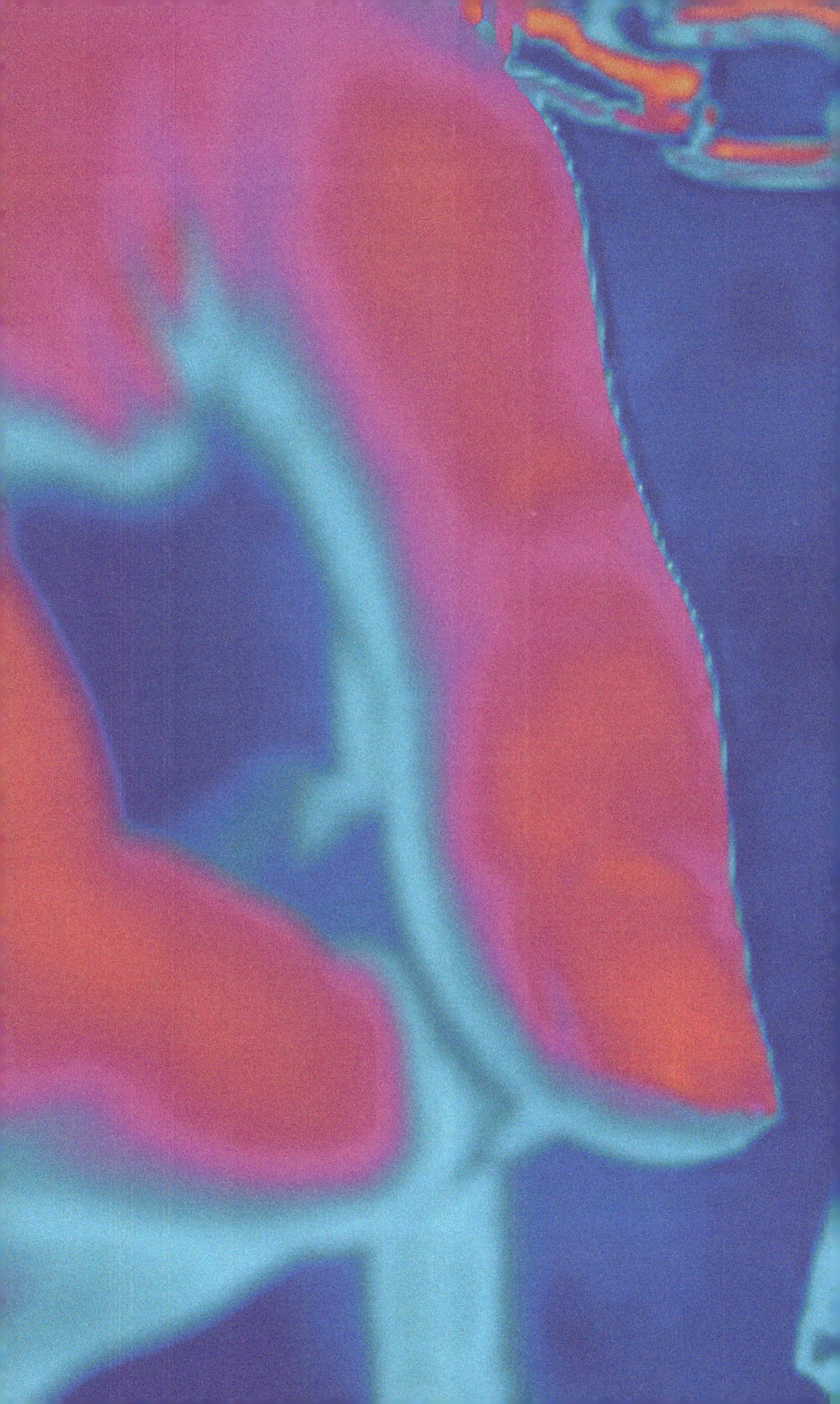

فرودگاه

داخل یک اتاق کوچک دو متر در دو متر، یک صندلی فلزی مشکی در گوشه دیوار بود و در گوشه‌ی دیگر اتاق یک میز فلزی کهنه قرار داشت که روی بدنه و پایه‌های آن با کلید، سکه یا هر چیز سختِ دیگری، پر از اسم، تاریخ و خطوخش‌های عصبی بود. روی دیوار یک ساعت عقربه‌ای دایره شکل با پس‌زمینه سفید و شیشه کدر قرار داشت که ساعت سه و پنج دقیقه را نشان می‌داد. درب اتاق بسته بود و بالای درب، در گوشه دیوار، یک دوربین مدار بسته دقیقاً رو به صندلی نصب شده بود. چراغ ریز قرمزی زیر دوربین روشن بود.

نور مهتابی اتاق اذیتش می‌کرد. همیشه از نور مهتابی

متنفر بود. این‌بار حتی صدای وز وز لامپ مهتابی را هم می‌شنید. نمی‌توانست به هیچ چیز فکر کند. انگار حافظه‌اش برای همیشه پاک و خالی شده بود. در حالی که کف هر دو دستش را به هم فشار می‌داد و پاهایش را میان آرنج‌هایش بغل کرده بود، زیر لب با خودش آهنگی را زمزمه می‌کرد. آهنگی شبیه آهنگ‌های قدیمی، اما کلماتش خوب شنیده نمی‌شد. حتی طنین صدایش در سکوت ذهنش گاه‌ناپدید می‌شد و گاه بخشی از ملودی را می‌خواند.

دستگیره درب تکان محکمی خورد و درب باز شد، اما نه کامل. از جا پرید. ترسیده بود. صدای ضربان تند قلبش را می‌شنید. می‌خواست نفسی عمیق بکشد، اما نفسش بریده بریده می‌شد. با همان اندک باز شدن درب صدای سالن خالی فرودگاه شنیده می‌شد. خیلی شلوغ نبود. از دورتر صدای ماشین تمیز کننده‌ی اتوماتیکی می‌آمد. او حتی صدای برس‌های بزرگ دایره‌ای که زمین را می‌سابید، می‌شنید. صدای آب و صدای آدم‌ها اما واضح نبود. درب اتاق همچنان کمی باز بود و دستگیره رو به پایین، اما هیچ‌کس داخل نمی‌شد.

ناگهان آن کس که پشت درب بود با صدایی بلند انگار که از دور کسی را صدا می‌زند، گفت: "فلاح چی شد؟ رسیدن؟" دستگیره را ول کرد و انگار چند قدمی از پشت درب دور شد. "بیسیم زدی؟ چیکار می‌کنی؟" صدای قدم‌های شخص دومی می‌آمد که با عجله به اتاق نزدیک می‌شد. "جناب سروان ماشین رسیده" در همین حین درب اتاق بسته شد و دوباره همان صدای قبلی داد زد: "فلاح." و فلاح از دورتر جواب داد: "بله جناب سروان. صدا آهسته‌تر گفت: "چشم بند بگیر ازشون. بجنب." و فلاح که دورتر شده بود، پاسخ داد: "چشم، جناب سروان."

درب اتاق باز شد و مردی چهل و چند ساله با لباس سبز تیره سپاه و درجه سروانی وارد شد. دختر سرش را بالا آورد و به چشمان مرد نگاه کرد. لبخند کریهی داشت. به سمت دختر آمد و گفت: "بلند شو." دختر از صندلی بلند شد. سروان جلوی او ایستاد. یک سروگردن از دختر بلندتر بود. با دست زد زیر دست دختر که با بست پلاستیکی به هم محکم بسته شده بود و گفت: "دستت رو بیار بالا." با قیچی‌ای دسته آهنی بزرگی که دستش بود، دستبند پلاستیکی را پاره کرد و تکه پلاستیک به گوشه اتاق پرت

شد. "بچرخ." سروان به دختر گفت و دختر تا آمد چیزی بگوید، جواب داد: "حرف نباشه، هیچ چیز به من مربوط نیست."

انگار دلش نمی‌خواست حتی کلمه‌ای از او بشنود. "ما اینجا کارمون چیز دیگه‌ایست. برگرد." دختر چرخید، بدنش می‌لرزید. "دستت رو بیار پشتت." دختر دستان سرد و رنگ پریده‌اش را کامل رو به عقب برد و سروان دستش را با یک دست با غضب بالا کشید و دختر آهسته ناله‌ای کرد. سروان از جیبش دستبند پلاستیکی دیگری درآورد و دو دست دختر را محکم بست. "همینجا رو به دیوار وایستا."

چند قدمی برگشت و سرش را از اتاق بیرون برد و داد زد: "فلاح." و پسری جوان با موهای تراشیده سربازی بدو بدو به سمتش آمد و چشم‌بند را به دستش داد. "بفرمایید، جناب سروان. مامور خانم رفته دستشویی." سروان بی‌اهمیت چشم‌بند را گرفت و گفت: "برو مدارک و چمدان و وسایلش هم بیار." سرباز با صدای آرامی گفت: "آقا، مادرش داره خودشو تکه پاره می‌کنه." سروان با غضب

گفت: "چه طرز صحبت کردنه؟ سرت به کار خودت باشه. برو وسایل و مدارکش رو بیار." سرباز آرام چشمی گفت و رفت.

سروان آمد داخل اتاق، درب را بست و به سمت دختر آمد. دختر هنوز با دست از پشت بسته، رو به دیوار ایستاده بود. سروان چشم‌بند مشکی کشی را از بالای سر دختر برد که بر چشمانش بیاندازد و تا گوشه پارچه به سر دختر خورد، ترسید و تکانی خورد. سروان محکم چشم‌بند تنگ را پایین کشید تا دور چشمان دختر را گرفت. دنیا برای دختر تاریک شد. سروان با پوزخند ادامه داد: "می‌ترسی؟ معلوم نیست دیگه کی بتونی ببینی." و با غضب دختر را با فشار دست راستش به شانه‌ی او چرخاند. صورتش به صورت دختر که چشمانش با چشم‌بند و دستانش از پشت سخت با تسمه پلاستیکی بسته بود نزدیکتر شد.

دختر زانوانش کمی لق و خم شده بود. به سختی ادرارش را کنترل می‌کرد. گوش‌هایش سوت می‌کشید و عرق سردی بر پیشانی‌اش نشسته بود. زبانش در دهانش نمی‌چرخید. می‌خواست بگوید مادرم، اما نه، مغزش به زبانش فرمان

نمی‌داد.

سرباز در را باز کرد. وسایل دختر را آورده بود. سروان صورت در صورت دختر رنگ‌پریده ایستاده بود. حتی برنگشت. "ببر مدارک و وسایلش رو تحویل ماشین بده. به مامور خانم هم بگو تو سالن منتظر بمونه. در رو ببند. خودم صداش می‌کنم." سرباز آهسته گفت چشم و در را بست و رفت.

سروان به لب‌های دختر خیره شده بود. سرش را مثل لاشخور گرسنه‌ای که طعمه‌اش را نگاه می‌کند، آهسته کج و راست می‌کرد. چند ثانیه به صورت دختر خیره بود. به بهانه بازرسی دستش را به کمر دختر انداخت. دختر با تماس دست او خودش را مثل گلی که پژمرده می‌شود جمع کرد. "چیزی که با خودت نداری." این را گفت و با دو دست بدن مچاله دختر را لمس می‌کرد. با دومین تکان دستش، دختر به لرزیدن افتاد و بی‌صدا گریه می‌کرد.

"گریه می‌کنی؟ مگر گناهی کردی که گریه می‌کنی؟ مگر نگفتی اشتباه شده و تشابه اسمی است؟" همین‌طور که دختر می‌لرزید، بدن او را با انگشت‌ها و کف دست بزرگش

مثل نمدی می‌مالید و فشار می‌داد. "اگر کاری نکرده بودی که همین جا می‌ماندی. وطن خودت بود. حتماً کاری کردی که می‌خواستی فرار کنی."

ناگهان در باز شد و خانمی گفت: "رحمانی هستم." سروان برگشت و دختر همچنان می‌لرزید و ریز و آرام گریه می‌کرد. رو به مامور زن گفت: "دست شما. مدارک و وسایلش هم بردند داخل ماشین. برگه تحویلش را بدهید به فلاح." این را گفت و با اخم از در بیرون رفت. همان‌طور که قدم برمی‌داشت گفت: "شاید بهتر باشد قبل از سوار ماشین کردن ببریدش برای رفع حاجت." و لبخند شیطانی زد و دستش را که کمی خیس شده بود با دستمالی که در جیب داشت، خشک کرد.

زندان

ساعت پنج و نیم صبح بود و سلول انفرادی نمور و تاریک و سرد بود. جوان بیست و هفت‌هشت ساله لاغری در گوشه سلول مثل جنین داخل شکم مادر، زانوانش را در بدنش جمع کرده بود و روی نیمه چپ بدنش روی زمین پشت درب سلول افتاده بود. صورتش بر اثر ضربات مشت و سیلی چنان ورم کرده بود که سفیدی چشمانش دیده نمی‌شد. میان خواب و بیداری با صدایی گرفته و خفیف ناله می‌کرد. لبخند ظریفی روی لبان پاره و کبودش نقش بسته بود. گویی برای نگاه داشتن آن لبخند درد زیادی را متحمل می‌شد. هرچه لبخندش نمایان‌تر می‌شد، خم ابروانش از درد پیچیده‌تر می‌شد. انگار کسی را جلوی خودش می‌دید، اما آنجا در فاصله یک‌متری کاسه توالت شکسته و بدبویی

بود و پشتتش دیوار. اگر پاهای دراز و لاغرش را از درون تنش بیرون می‌کشید، حتماً از کاسه توالت گذر می‌کرد. سلول حدود دو متر در سه متر بود با سقفی بلند، بدون پنجره و یک درب آهنی که پنجره کوچکی به اندازه عرض یک جعبه کفش روی آن بود که البته آن هم بسته بود.

از دور صدای ناله مردی دیگر شنیده می‌شد. او صدا را می‌شنید و با خودش می‌اندیشید که صدای ناله‌های او بلند است، پس حالش از من بهتر است. لبخند زد. او برای آن فرد دیگر خوشحال بود. با او صحبت می‌کرد، در همان سلول تاریکش داشت به او دلداری می‌داد.

از راهروی بیرون سلول، صدای باز شدن قفل دربی آهنی از دور آمد. او می‌دانست که پشت آن صدا، صدای پا می‌آید. اما از خودش در سرش می‌پرسید، "فکر می‌کنی چند نفر باشند؟" در حالی که عضلات ضعیف پاهایش کمی می‌لرزیدند، لبخند می‌زد و ابروانش بیشتر در هم می‌تنید و درد ادامه داشت. صدای پاها نزدیکتر می‌شدند. از خودش می‌پرسید، "دو نفر؟ نه، سه نفر؟ نه، بیشترند. شاید چهار نفر." صدای پاها نزدیکتر می‌شد. حالا دیگر

صدای ناله‌های آن دیگری که از دور می‌شنید، کاملاً قطع شده بود. "حتماً به سراغ من می‌آیند." او چیزی در درون تنش حس می‌کرد. بوی پایان می‌آمد، بوی مرگ، بوی خلاصی از درد، بوی آزادی. به آزادی که فکر می‌کرد، درد برای لحظه‌ای رهایش می‌کرد. اما لرزه عضلات بدنش بیشتر می‌شد و در کنترلش نبود و همین موضوع ناراحتش می‌کرد. صدای پاها نزدیکتر می‌شد و حالا دیگر عضلات شکمش هم می‌لرزید. یا دقیق‌تر، هر جایی که در طول هفته‌های گذشته ضربه خورده بود، می‌لرزید.

صدای پاها به پشت سلول رسیدند. اما یکی هنوز داشت می‌آمد. او سنگین‌تر می‌آمد و انگار که دمپایی به پا داشت. کم و بیش پاهایش را به زمین می‌کشید. صدای این پاها را می‌شناخت. حسش دروغ نمی‌گفت. آزادی نزدیک است. رهایی به سراغ او می‌آمد. خوشحال بود، اما تنش هنوز سخت می‌لرزید. همان کسی که هنوز به پشت درب سلول نرسیده بود گفت "بیاریدش بیرون." لحظه‌ای بعد پنجره کشویی محکم باز شد و نور راهرو به داخل سلول افتاد، اما او پشتش به درب بود و نمی‌توانست حتی سرش را بچرخاند. درب کشویی دوباره بسته شد و بلافاصله با

صدای قفل. درب سلول باز شد. مردی که در آستانه درب ایستاده بود گفت "افتاده روی زمین." "صدایی که از دور می‌آمد، حالا نزدیکتر شده بود و پرسید "به هوش هست؟" مرد جوان بیست و چند ساله‌ای با چشمانی ناموزون و ریش پرپشت و تا حدودی فر، با شلوار پارچه‌ای قهوه‌ای و پیراهنی که به نظر آبی روشن یا سفید چرک بود و به تنش گشاد می‌زد، دولا شد و از بالا به صورت جوان بر زمین افتاده نگاهی کرد و گفت "بله حاج آقا، فکر می‌کنم به هوش هست."

حاج آقا به پشت درب رسیده بود و سایه چاق و سنگینش درون سلول افتاد. جلو نیامد، از همان چند قدمی گفت "بلندش کنید بیاریدش بیرون." لهجه داشت، اما جوان نمی‌توانست بگوید این لهجه کدام تبار ایرانی است. این لهجه را قبلاً شنیده بود، اما در زندان دیگری، سال‌ها پیش وقتی چند روزی در بازداشت بود. دو مرد به داخل رفتند و مثل یک خورجین از زیر کتف گرفتند و بلندش کردند. بدنش هنوز می‌لرزید و شلوارش خیس بود. یکی از مردها به دیگری گفت "نجس نشی." آن دیگری جوابی نداد. دو قدمی روی زمین کشیدنش تا بیرون درب سلول. آن دیگری

که در را باز کرده بود عقب‌تر رفت و آخوند چاق با عینک فلزی و ریش کوتاه تازه اصلاح شده نگاهی به سرتا پای جوان انداخت. رو به آن دیگری که پشتش ایستاده بود گفت "صورتش را بالا بگیر." و او آمد و دست زیر چانه جوان انداخت و صورتش را بالا برد. خط نازکی از چشم جوان پیدا بود که چشم خونی قرمز رنگش از آن پشت پیدا بود. لبخندی به لب داشت و در حالی که نمی توانست روی پاهایش بیاستد به سختی تلاش می‌کرد تا حفظش کند.

آخوند رو به جوان با لبخند و لحنی مهربانانه گفت "حالت که خوب است بحمدالله. لبخند هم که می‌زنی شکر خدا. پس خیلی هم بهت سخت نگذشته آقا آرمان. فقط قدت کمی آب رفته. وقتی آمدی اینجا قد بلندتر بودی و ما باید رو به آسمان به شما نگاه می‌کردیم، هم قدت کوتاه‌تر شده هم اخلاقت بهتر." همین‌ها را گفت و پوزخندی زد و با دست گوشه‌های عبایش را جمع کرد. ادامه داد "خوب، وصیت هم که می‌گن نکردی. ما زمینه‌اش را فراهم کردیم از قرار خودت نخواستی. نگران نباش، من خودم به مادرت می‌گویم که حالت خوب بود و از کرده خود پشیمان بودی." این را گفت و پسرک برای لحظه‌ای لرزه تنش قطع شد. آخوند رو

کرد به آنکه چانه پسر را بالا گرفته بود و گفت "سریع ببرید به سر و وضعش برسید و آبی بهش بدهید، چیز زیادی به طلوع خورشید نمانده. بپرس ببین آن پنج نفر دیگر هم آماده شدند یا خیر." جوان چشمی گفت، آخوند دو قدمی عقب رفت و آرمان را همان‌طور که پاهایش روی زمین کشیده می‌شد، بردند. در راه، آن فرد سوم بیسیم کوچکی از جیب گشاد شلوارش بیرون کشید و پیچ رادیو را باز کرد و در بیسیم پرسید "آن پنج نفر آماده‌اند؟" و چند لحظه بعد صدایی پاسخ داد "بله." پرسید "شش سرباز بیایند؟" که سریع جوابش در بیسیم داده شد "احمد، چرا سؤال بی‌ربط می‌پرسی؟ معلومه شش سرباز."

بعد از گذشتن از دو راهرو و سه یا چهار درب به راهروی بزرگتری رسیدند. آرمان را به داخل اتاق بزرگی مثل اتاق بهیاری بردند. مرد دیگری با روپوش سفید پزشکی یا پرستاری آنجا بود. آرمان را روی صندلی نشاندند. مرد روپوش سفید رو به یکی از آن‌هایی که او را آورده بودند، اشاره‌ای به میز پشت سرش کرد که رویش پارچ آب و لیوان فلزی بود و گفت "باغی، یک لیوان آب بهش بده." دیواره پارچ عرق کرده بود. باغی به سمت میز رفت و لیوان را از

آب خنک با چند تکه یخ پر کرد و به سمت آرمان آمد. آن دو نفر دیگر دو سوی آرمان ایستاده بودند و یکی با دست شانه آرمان را گرفته بود تا نیفتد. دکتر سرنگی را که از قبل پر شده بود از روی میزش برداشت و جلوی آرمان آمد و رو به همان که اول درب سلولش را باز کرده بود، گفت "هنوز وصیت نکرده؟ آخر این چه مردنی است."

هوای داخل سرنگ را خالی کرد. رو به باغی گفت "کمی آب به سر و صورت و پشت گردنش بزن تا جانی بگیرد." و به دیگری گفت "دستش را بگیر." رو به آرمان کرد، گفت "تکان نخوری سوزن بشکنه و اینجا بمیری خونت بیفته گردن من. این آمپول سرحالت می‌کنه. این لحظه‌های آخری آروم می‌شی." به آرمان گفت "نمی‌ترسی که" و با گفتن همین جمله لرزه‌های ریز بدن آرمان شدیدتر شد. دکتر گفت "لرزه‌هایت هم کم می‌شود." او با سر اشاره کرد به باغی و آن دیگری. دست راستش را سفت گرفتند و آستین گشاد پیراهنش را بالا زدند و دکتر سوزن سرنگ را در بازوی آرمان فرو کرد. دارو را که زد، رو به باغی گفت "بهش آب بده بخوره."

چشمان آرمان کمی بازتر شده بود. دکتر راست می‌گفت، لرزه بدنش آهسته کم و کمتر می‌شد و نفسش بالا آمد. برای اولین بار بعد از مدتی، نفسی نیمه عمیق کشید، اما دیگر لبخند به صورتش نبود. دکتر جلوی چشمان آرمان که حالا بازتر شده بود ایستاد و در حالی که سرنگ خالی همچنان در دستش بود گفت "وصیتی نداری؟ زمان زیادی نموندها. می‌خوای چیزی بگی، من برات بنویسم." اما آرمان که انگار بی‌حس شده بود، خیره به دکتر نگاه می‌کرد. دکتر رو به مرد دیگری گفت "ده دقیقه دیگه سر حالتر که شد، ببریدش. چیزی به طلوع صبح نمانده." پشت کرد و روپوشش را از تن کند و روی میز پرت کرد. او هم مثل همان اولی شلوار قهوه‌ای و پیراهن آبی کمرنگ بر تن داشت. از اتاق بیرون رفت.

ساعت شش و پنج دقیقه بود. در حیاط کوچک پشت زندان پنج زندانی با چشم‌بند و دستانی از پشت بسته شده، کنار درب راهرو، ردیفی ایستاده بودند و شش سرباز و شش لباس شخصی دورشان. لباس شخصی‌ها با هم آرام صحبت می‌کردند و گاهاً به این زندانیان چشم‌بسته در انتظار تیرباران اشاره می‌کردند. یکی از زندانی‌ها

بی‌صدا گریه می‌کرد. دیگری زیر لب چیزی می‌خواند، شاید دعا یا اشهدش را. یکی دیگر کاملاً ساکت بود، همانی که از همه جوان‌تر به نظر می‌رسید. آن‌که از همه پیرتر بود، یواش اما با صدایی محکم و با لهجه کردی گفت "نترسید. محکم باشید. ما پیروز هستیم." سربازها نفس نمی‌کشیدند، انگار که قرار بود آن‌ها را تیرباران کنند.

از ته راهرو آرمان را آوردند. حالش به ظاهر بهتر بود و پاهایش ایستاده‌تر. اما همچنان دو مأمور زیر بغلش را گرفته بودند و او قدم‌های ریزی برمی‌داشت. چشمانش باز بود. به نزدیکی درب حیاط که رسید، سرش را بالا گرفت. ته حیاط دیواری است زخمی هزاران گلوله که دو نورافکن رویش تنظیم شده و برای آن ساعت روز زیادی روشن است. روی زمین چیزی شبیه ابر به عرض دو متر پهن شده با خون خشک‌شده سیاه و تیره که همه جای آن را گرفته. به درگاهی که رسیدند، همان‌که ابتدا درب سلول را باز کرده بود، از میان لباس شخصی‌ها به سمت او آمد. لباس شخصی‌ها حرفشان را قطع کردند و یکی از آن‌ها در بیسیم چیزی گفت. انگار که گفت "آماده‌ایم." هوا هنوز تاریک است اما خورشید را می‌شود احساس کرد. همان

پشت‌هاست و می‌خواهد که پیدا شود. چشم آرمان را بستند. باغی بهش گفت "مرد باش، روی پاهای خودت بایست." این جمله را زندانی مسن پای اعدام هم شنید. سرش را به سمت صدا چرخاند و با همان لهجه غلیظش داد زد "نترس، مردانه بمیر، ما پیروزیم." آن‌قدر بلند گفت که سربازها هم تکانی خوردند و یکی از لباس شخصی‌ها که کنارش بود با آرنج به شکم مرد کوبید و گفت "خفه شو مردک، تا لحظه مرگ هم مزخرف می‌گی. صدای نکره‌ات را در گلو می‌چرخانی. خودت نیم ساعت پیش داشتی زجه می‌زدی که بچه‌هایت کوچکاند و به آن‌ها رحم کنیم." مرد در خودش از درد پیچیده بود و با شنیدن این حرف‌ها غرورش فرو ریخت و زیر گریه زد. همه پنج نفر گریه می‌کردند، اما غالباً آرام و گاهی چیزی زیر لب می‌گفتند. فقط آرمان بی‌حس بود و چیزی نمی‌گفت.

آخوند هم همراه با دو نفر دیگر از راهرویی دیگر رسیدند. حالا نور خورشید در سیاهی صبح داشت پیدا می‌شد. سربازها پنج نفر را بردند روی ابر جلوی دیوار به فاصله نیم متر از هم ردیف کردند. جای نفر سوم از چپ خالی بود، همان‌که درب سلول را باز کرده بود به آخوند نگاهی

کرد. کنار آخوند مردی که پیش‌تر لباس دکتری بر تن داشت، ایستاده بود و یک مرد کچل با کت‌وشلوار و چند پرونده در دست. دکتر اشاره کرد تا آرمان را بردند و در جای خالی قرار دادند، کنارش زندانی مسن بود و در طرف دیگر آنکه از همه جوان‌تر بود. مرد مسن اشهد می‌خواند و پسر جوان لالایی که مادرش برایش می‌خواند. دکتر رفت سمت آرمان و گفت "خداحافظ آقا آرمان، اگر شد باز شما را ببینیم." و خندید. آرمان بی‌حس بود اما روی دو پایش ایستاده بود.

هوا بوی آهن و تعفن می‌دهد. ابر زیر پاهای برهنه‌اش قسمتی خشک و قسمتی مثل گلی غلیظ یا لجن خیس است. زمان طور دیگری می‌گذرد و همزمان که همه چیز را به خاطر می‌آورد، همه چیز را هم فراموش می‌کند. انگار مغزش می‌خواهد هر چه در زندگی دیده و شنیده و حس کرده را قبل از پاک کردن نشانش دهد. حال سبک‌تری دارد. در چند هفته گذشته که هیچ، چند ماه یا چند سال گذشته هیچ وقت این‌قدر سبک نبوده. نمی‌تواند بگوید چند لحظه آنجا ایستاده یا چند دقیقه. زمان معنایش را از دست داده است.

صداها را می‌شنود اما نمی‌فهمد. انگار صداها فقط آواهایی معلق در فضا هستند و هیچ معنایی ندارند. اما صدایی در میان صداها برایش معنایی دارد. او آن صدا را می‌فهمد و بلافاصله صدای مهیب شلیک گلوله‌ها و بوی گوگرد از روبرو و بوی خاک از پشت سرش. بدنش داغ شده. زانوانش خم شده. با دست و چشمانی بسته ابتدا زانوانش به ابر زیر پا می‌رسد و بعد صورتش به ابر خیس و گرم می‌خورد. از خود می‌پرسد "پس مردن این‌چنین است؟ خیلی هم سخت نیست." خون را زیر تن و صورتش احساس می‌کند. خون گرم مثل دستانی گرم و پرمهر بدنش را در آغوش می‌گیرد. صدای گلوله‌ها قطع می‌شود و بعد صدای پایی می‌آید. نزدیک می‌شود. یک گلوله. با خود می‌گوید "این تیر خلاص است." گلوله دوم نزدیکتر و گلوله سوم صدایش در مغز آرمان می‌پیچد و گلوله بعدی و دو گلوله دیگر، اما او می‌شنود. آیا مرده‌ام؟ آیا بعد از مرگ آگاهی انسان می‌میرد؟ خلاص شدم. چقدر دلم برای مادرم تنگ شده. حتماً پدرم به استقبالم می‌آید. مریم چطور؟ این‌ها در سرش می‌چرخد و به اسم مریم که می‌رسد، برقی در وجودش حرکت می‌کند. در همین حال

صدای دکتر را نزدیک سرش می‌شنود. "تو نمردی؟ از او می‌پرسد. قسمتت هنوز نرسیده که بری. کجا می‌خوای بری؟ باش پیش ما آقا آرمان مبارز. هنوز با هم کار داریم." دکتر به لباس شخصی‌ها اشاره می‌کند که آرمان را بلند کنند. او خودش را خیس کرده است. صورت و بدنش غرق خون است، اما خون خودش نیست. خون پسر جوان سمت راست و مرد میانسال کرد سمت چپ. بلندش می‌کنند. بدنش هیچ رمقی ندارد. مثل یک بدن مرده، اما آگاه از حیات و اطرافش. صداها کم کم به حالت سابق شنیده می‌شوند. دکترمی‌گوید "ببریدش به سلولش، تا فردا دوباره با هم اختلاط کنیم." رو به آرمان می‌گوید "آمدنت به اینجا آسان نبوده که آسان بروی. با هم کار داریم." این را می‌گوید و به سمت آخوند می‌چرخد.

خانواده

"روژان جان، مادر کجا می‌خواهی بروی؟ دختر، آخه تو پا به ماهی و جاده برای تو خطرناک. به من گوش بده مادر. پدرش آنجاست، برادرش هم آنجاست. خودشان زنگ زدند گفتند آزادش می‌کنند. فهمیده‌اند پسر من کاری نکرده. کجا می‌خواهی بری؟ بیا یک دقیقه بشین. برای این بچه توی شکمت خوب نیست. بعد هم این دو طفل معصوم رو ببین چطور دارند گریه می‌کنند. میان دیگه. آنجا باید مرد بره. آخه تو با این شکم کجا می‌خواهی بری؟"

روژان با شکم نه ماهه نفس‌نفس‌زنان دست می‌کرد داخل کمد قدیمی و بدون اینکه هیچ توجهی بکند فقط روسری و چادر، داخل ساک سرمه‌ای رنگ کوچکی که دستش بود

فرو می‌کرد. پیرزن دستش را گرفت و گفت "آخه دخترکم، عروسکم، این همه روسری می‌خواهی چه کنی؟ الان پنج تا روسری برداشتی. می‌گم حالت جا نیست بیا یکم بشین بهت آب قند نعنا بدم کمی آروم بشی. خوب اصلاً منم باهات می‌آیم. مگر من مادرش نیستم. مگر او بچه من نیست. خوب تو هم بچه منی. من باهات می‌آیم مادر بیا بشین."

روژان با چشم‌های پف‌کرده زیر گریه می‌زند و می‌گوید "می‌دانم آزادش نکردند. می‌دانم چیزی شده. من می‌فهمم. عطای منو آزاد نکردند مادر. عطای من پریشان. من می‌فهمم. این بچه توی شکمم هم می‌فهمد. این بچه از سر سحری مثل سنگ شده، گوشه دلم تکان نمی‌خوره. باید برم. خودم باید برم. آخه عطای من پریشان است."

مادر دستی به موهای سیاه و پیچ‌خورده و بلند روژان کشید و آرام او را همانجا کنار کمد جلوی پشتی روی زمین نشاند و خودش هم کنارش نشست. رو کرد به پسر بچه نه ساله و دختر بچه شش ساله که کنار در ورودی ایستاده بودند و گریه می‌کردند و گفت "بس است. شما

چرا گریه می‌کنید؟ بابایتان حالش خوب است آزاد شده می‌آید خانه. بس است گریه نکنید. نمی‌بینید مادرتان پا به ماه است و حال ندارد. طهمورث جان، بپر برای مادرت آب قند درست کن. از توی پستو گلاب و عرق نعنا هم بریز توش." بچه به دو از اتاق خارج شد و مادر بزرگ با صدای بلند ادامه داد "یخ هم توش بیندازی‌ها." رو به دختر بچه کرد و با همان لهجه شیرین کردی گفت "کژالکم، بیا مادر گریه نکن. بیا پیش مادرت شانه‌هایش را بمال. همان‌طور که شانه‌های مرا می‌مالی."

رو به روژان کرد و با خنده گفت "دست‌های کوچک دخترت مثل دست خودت شفاست عروس قشنگم مثل دست خودت. بد به دلت چرا راه می‌دهی؟ خوب زنگ می‌زنن. حتماً کاغذبازی داشته. شاید گرفتاری داشته. دوتا مرد گنده رفته‌اند، می‌آیند، خبر می‌دن. خوب با شیرینی رفتند. خبر خوب می‌آید ولی خبر خوب دیر می‌آید عروسکم."

دختر بچه از پشت، شانه‌های مادرش را می‌مالید و مادر حامله با شکمی بزرگ، مستاصل بر روی زمین نشسته و پاهایش را باز کرده بود تا شکمش لای تن و پاهایش جا

بشود. مادر بزرگ دستش را به زانو زد و با سختی و درد بلند شد و همان طور که به سمت درب اتاق می‌رفت بلند صدا زد "طهمورث، چه شد آب قند؟ مادرت حالش خوب نیست. بیار دیگه اون آب قند رو." بچه سراسیمه به درب اتاق رسید و مادر بزرگ به او اشاره کرد و گفت "برو مادر، برو بده مادرت بخوره حالش جا بیاید. دست و پای مادرت را بمال مادر، تو مرد مادرت هستی."طهمورث کنار مادر نشست و لیوان را به دست مادر داد و پای مادرش را از بالای ساق می‌مالید. روژان با دست چپ لیوان را گرفته و جرعه‌ای نوشید و با دست دیگر اول دست‌های کوچک کژال را که شانه‌هایش را ماساژ می‌داد، مالید و بعد دست طهمورث را روی پاهایش فشار داد. روژان حال شیدایی داشت، چیزی در درون دلش بغیر از کودک نه ماه‌اش نامن بود. او دردی بزرگ را حس می‌کرد ولی هیچ نمی‌دانست چرا. مادر بزرگ به داخل حیاط رفت و درب را باز کرد و دو طرف کوچه خالی را نگاه کرد. هیچکس نبود. او رو به طهمورث کرد و گفت "طهمورث، بیا عزیزکم، بیا برو ببین این عموی تو خانه نیامد؟ از پدربزرگت و عمو کاوه تو خبر نداره؟ طهمورث بیا" دوباره صدا کرد و پسر بچه با

عجله از اتاق بیرون آمد و دمپایی پا کرد و به سرعت از حیاط بیرون دوید. پیرزن دست‌هایش را در هم می‌فشرد، حالا اینجا در این حیاط به دور از چشم عروس و نوه‌ها می‌شد فهمید که دل توی دل پیرزن نیست. او هم رنگش پریده بود و گوشه جگرش انگار زخمی شده و جراحتی در دلش، روحش را می‌خراشید. از پله بالا رفت تا هم داخل کوچه را ببیند و هم چشمش به عروسش باشد. روژان به پشتی تکیه داده، انگاری تازه متوجه نه ماه بارداریش شده بود. یک دستش روی شکمش که درد می‌کرد و با دست دیگرش دستان کوچک کژال را می‌گرفت و او را به سمت خودش می‌کشید تا کنارش بنشیند. اما نمی‌توانست حرفی بزند. مادربزرگ به کوچه نگاه کرد و نه کسی می‌آمد و نه کسی می‌رفت.

پسر بچه چند کوچه بالاتر به خانه عمو رسید. چند مرد با لباس کردی در مقابل خانه ایستاده بودند. عمویش بین آن‌ها نبود. یکی از مردان متوجه نزدیک شدن طهمورث شد و به مرد دیگر چیزی گفت، او رفت داخل خانه عمو و مرد به سمت بچه آمد. عمو جان اینجا چه می‌خواهی؟ مرد زانوهایش را خم کرد تا قدش همقد بچه بشود. دو دست

کوچک بچه را در دستان کارگری زمخت خود گرفت و با حس دلسوزی دوباره پرسید "عمو جان، طهمورث، اینجا چه می‌کنی بابا؟" بابا را که گفت، چهره‌اش در هم ریخت و چشمانش خیس شد، اما خودش را جمع کرد. از درون خانه عمو صداهایی می‌آمد. عمو داد می‌زد اما صدایش واضح نبود که درد می‌کشد یا عصبانی است. بچه هم ترسیده بود. دو دختر عموی هم‌سن‌سال با لباس قرمز محلی از لای در به طهمورث نگاه می‌کردند. آن‌ها طبق معمول با هیجان به سمت او نمی‌آمدند و سر جایشان خشکیده بودند. پسر بچه هم مثل سابق به سمت در نمی‌دوید. دستانش در دستان مرد و چشمانش به دخترعموها و بعد از آن به پشت‌بام و پنجره خانه‌ها نگاه می‌کرد. زن همسایه از پنجره خانه روبرویی به داخل خانه آن‌ها زل زده و روی پشت‌بام خانه بغل دو پیرزن نشسته بودند. "عمو جان مادرت خوب است؟ مادربزرگ؟ اینجا چه می‌کنی؟" مرد دوباره تکرار کرد و طهمورث به حرف آمد. "مادربزرگ مرا پی عمو فرستاده. مادرم حالش خوب نیست، می‌خواهد برود زندان پیش پدرم، منتظر دایی است اما او هم نیامده." مرد سرش را به سمت حیاط خانه عمو چرخاند

و گفت "آه جانکم، دایی هم اینجاست پیش عموست، داخل هستند." و پسرک را خلاف میل او به آغوش گرفت و به سینه فشارش داد و آهسته اشکی ریخت. پسر بچه همچنان به دخترعموها نگاه می‌کرد و آن‌ها لحظه‌ای می‌رفتند داخل و چند ثانیه بعد با مادرشان و دو زن دیگر که همگی چشمانشان از گریه پف کرده بود، از خانه بیرون می‌آمدند. همه داخل خانه را نگاه می‌کردند. مردهایی که دم در بودند به داخل خانه می‌رفتند و صدای گریه مردانه می‌آمد. پسر بچه می‌خواست برود به سمت خانه اما مرد همچنان او را در بغل داشت. دایی از خانه عمو بیرون آمد و طهمورث انگار نجات پیدا کرده دایی را صدا کرد. دایی اشک‌هایش را پاک کرد و گفت جان دایی. بچه از آغوش باز شده مرد رها شد و سمت دایی جوان دوید. دایی او را بغل کرد و گریه کرد و گفت: "مرد دایی عزیزک دایی. مادرت خانه است؟" "بله، منتظر شماست که دنبالش بیایی."

دایی رو به او کرد و "گفت ای جانکم، آخه من چه کار باید بکنم" و دوباره زیر گریه زد. عمو در حالی که پیراهن مشکی در دست داشت با زیر پیراهنی سفید و شلوار کردی از در بیرون آمد و رو به دایی گفت "تو بمان خواهرت پا به ماه

است. علی مردان و برادرش می‌روند دنبال پدر و برادرم."
عمو جلوی پسر زانو زد، شانه‌های پسر بچه را با دستانش
سفت گرفت و گفت "پدرت مرد بود جانکم، پدرت مرد بود و
ما نبودیم. عزیز عمو، پدرت مرد بود و ما نبودیم. تنها
رفت." او بعد سفت پسر بچه را بغل کرد. زنی از ته کوچه
دواندوان به سمت زن عمو آمد و گفت "دکتر تو راه، ده
دقیقه دیگر می‌رسه." زن عمو از او پرسید نبریماش
درمانگاه؟ دایی بلند شد "آخه چطوری؟" او یک طرف، و رو
کرد به عمو "مادر شما یک طرف. کاش مادرم زنده بود."

عمو رو به بچه کرد و گفت "عمو جان، جانکم، پدرت مرد
بود و مردانه مرد. می‌فهمی؟ مردانه مرد." و بچه را در
بغلش سخت فشرد. وانت آبی‌رنگی از راه رسید و دکتر از
صندلی شاگرد پیاده شد. رو به عمو و مردهای دیگر که
همه از خانه بیرون آمده بودند کرد و پرسید: "چه شده؟"
همان مرد مسنی که ابتدا طهمورث را در آغوش گرفته بود
رو به دکتر آهسته گفت "کاوه و پدرش رفته بودند شهر.
دیروز زنگ زدند بیایید زندان، برادرتان آزاد می‌شه. این
بنده خداها با شیرینی و لباس رفتند، گفتند صبح سحر
تیربارانش کردند. پدرش سکته کرده در بیمارستان و زنش

پا به ماه است، در خانه نشسته آرام و قرار ندارد و
مادرش هم خبر ندارد."

دکتر با شنیدن این خبر در وانت را باز کرد در حالی که
پایش در خیابان بود روی صندلی ماشین برای چند لحظه
نشست.

خودرو

ترافیک سنگین بود و ماشین‌ها تنگاتنگ هم، بی‌آنکه راهی برای رفتن داشته باشند، فقط بوق می‌زدند. نمی‌شد گفت شهر خوشحال بود یا مضطرب و خشمگین. لحظه‌ای از اینکه در خیابان بودی می‌ترسیدی و لحظه‌ای دیگر احساس شهامت می‌کردی. لحظه‌ای دلت می‌خواست فریاد بکشی و لحظه‌ای دیگر ناگهان در سکوتی عمیق غرق می‌شدی. هیچ‌وقت در زندگیش جز همان روزهای آخر چنین احساسی نداشت. گویی افسردگی به رقصیدن درآمده بود. از خودش می‌پرسید که افسرده‌ای، اما چگونه افسردگی در وجودت پایکوبی می‌کند؟

سمت راست، مردی پنجاه‌ساله با صورتی خسته، دست

راستش را با غضب بر روی فرمان فشار می‌داد. بوق می‌زد اما صدای بوق ماشینش در میان ازدحام بوق و فریادها شنیده نمی‌شد. بر روی صندلی عقب، زنی مسن نشسته و چشمان درشتش گویی میان جمعیت پیشرو دنبال کسی یا چیزی می‌گشت. پس مرد باید مسافرکش یا راننده آژانس باشد. از خودش پرسید شاید عجله دارد اما اعتراضش به ماشین‌های جلویی نیست، به چیز دیگری معترض است. پیرزن هم همینطور. در چشمانش هیچ‌نشانی از عجله نیست اما انگاری چیزی را انتظار می‌کشد.

سمت چپ، دو دختر جوان بیست و چند ساله داخل ماشین دیگری بودند. یکی با تلفنش فیلم می‌گرفت و دیگری مثل بادیگاردهای فیلم‌های هالیوودی اطراف را می‌پایید. آنها هم به نظر نمی‌رسید عجله‌ای برای رفتن داشته باشند. تا چشم کار می‌کرد جلوتر ماشین بود و موتور و مردمان پیاده که از لابه‌لای ماشین‌ها می‌دویدند و به این سو و آن سو می‌رفتند. هیچ چیز شبیه گذشته نبود. ازدحام زیاد بود اما شبیه قهرمانی فوتبال نبود، شبیه شلوغی‌های هشتاد و هشت هم نبود. حتی شبیه شلوغی‌های ۹۶ هم نبود.

با خودش می‌گفت من در همه آن شلوغی‌ها بودم اما این‌بار همه چیز متفاوت است. انگاری باور مردم تغییر کرده و آنها در خیابان‌ها زندگی می‌کنند. در خیابان‌ها می‌خوابند و رشد می‌کنند و می‌میرند. خیابان برایش حس خانه داشت. ماشین‌ها اتاق‌های تو در تو بودند و مردمان غریبه همه اهل منزل. یک خانواده بزرگ در خانه‌ای بزرگ و تو در تو. شیشه‌های ماشین بالا بود. به رادیو ماشین نگاهی کرد و متوجه شد که رادیو روشن است. اما صدایش را نمی‌شنید. دستش را دراز کرد تا ولوم را باز کند که متوجه شد ولوم تا ته باز است. ته صدایی از موسیقی را می‌شنید اما چطور ممکن بود ولوم ضبط تا ته باز باشد اما صدایش اینقدر ضعیف به گوش برسد.

سعی کرد سرش را بچرخاند اما سخت می‌چرخید. سرش سبک شده بود مثل لحظه‌ای قبل از آنکه به خواب بروی. کمی صداها در گوشش بلندتر شد ولی هنوز هیچ صدایی واضح و شفاف نبود. دلش می‌خواست فریاد بزند اما انگار بختک بر سرش افتاده بود. هیچ صدایی از گلویش بر نمی‌آمد. از خودش پرسید شاید خواب می‌بینم؟ اما نه، یادش بود که در راه رفتن به خانه، اینجا در خیابان معلم

در میان ازدحام معترضان بوق می‌زد تا دیگران تنها نباشند. نفسش تنگ شده بود. خیلی تنگ. احساس می‌کرد در هوا اکسیژن نیست. نفس می‌کشید و جریان هوا را در بینی و دهان و گلو حس می‌کرد اما اکسیژن درش نبود. آن حال رضایت‌بخش اکسیژن را نمی‌داد. اصلا متوجه بازدم نبود. فقط نفس می‌کشید و بازدمی در کار نبود.

چشمش به شیشه جلوی ماشین افتاد. ترک خورده بود. صدای ترک‌ها را می‌شنید. آهسته و ریز حرکت می‌کردند. از خودش پرسید شیشه کی شکست؟ یادش نمی‌آمد. پاهایش سرد شده بود. از خودش پرسید می‌ترسی؟ صدای مادرش را می‌شنید که پای سینک ظرفشویی با صدای آب آواز می‌خواند "کپور لجن خوس مرداب تی سر ر بیرون باوردی از آب." حس می‌کرد تنش در مرداب گیر کرده و سرش را از آب بیرون آورده. گردنش داغ شده بود و سرش سبک، خوابش می‌آمد. دلش می‌خواست همانجا میان ازدحام و بوق و دود تخت بخوابد. چشمانش دائم بسته می‌شد. درست مثل روزهای مدرسه در ظهر تیرماه و گرمای اوایل تابستان و کلاس تاریخ. چشمانش به قصد قیلوله بسته می‌شد و او از ترس رسوایی آنها را دوباره

باز می‌کرد. اما این‌بار نه روز بود و نه تابستان و نه او نوجوانی محصل. پاییز بود، شب بود و او سی سال تمام شده بود. پس نور آفتاب از کجا به او می‌تابد؟

از خیلی دور صدایی می‌شنید. گویی مردم به شیشه‌های ماشین‌ها می‌کوبیدند و جیغ می‌کشیدند. دیگر هیچ چیز برایش مهم نبود و دلش می‌خواست بخوابد. خسته بود. خیلی وقت بود که خسته بود. خیلی وقت بود که این‌چنین مست خواب نبود. چشمانش را آهسته بست و دنیایش آرام شد. اما در دنیای ماشین‌های کناری ولوله‌ای برپا بود. دو دختر بی‌وقفه جیغ می‌کشیدند و به سر و صورت خود می‌کوبیدند. راننده ماشین سمت راستی با قفل فرمان به شیشه سمت شاگرد کوبید و شیشه خرد شد. در را باز کرد و به داخل ماشین پرید و خودش را به درب راننده رساند و با سرانگشت دستگیره در را کشید تا باز شد. دو جوان دیگر درب سمت راننده را باز کردند و یکی دستش را بر گردن جوان پشت فرمان فشار می‌داد و دیگری با استرس به دنبال باز کردن کمربند ایمنی بود. دور ماشین شلوغ شده بود و نور فلاش موبایل‌ها از هر طرف پسرک راننده را نشانه گرفته بودند. یکی جیغ می‌زد "نامردها

کشتند. بی‌شرف‌ها کشتند."

تلفنش روشن بود و بر روی ران پایش افتاده بود و دو زن، یکی جوان و دیگری پیر جیغ می‌کشیدند. پسر جوانی که کمربند ایمنی را باز کرد متوجه تلفن روشن و تماس تصویری شد. جرات نمی‌کرد به تلفن دست بزند. شهامت برداشتنش را نداشت. دختر جوان بی‌وقفه جیغ می‌زد "حامد، حامد، حامد."پسر جوان ناغافل دستش را برد سمت تلفن، دکمه قرمز قطع تماس را فشار داد و صفحه تلفن سیاه شد.

خانه

"وای مامان بیا ببین چه خبره" حامد زوم کن جلوتر رو نشون بده. کاش منم بودم. مرده شور این مریضی کوفتی رو ببرن که نمی‌تونم این روزها تو خیابون باشم. می‌دونی چقدر حسرت این روزها رو می‌کشیدم حامد. مامان بیا ببین. حامد مامور دور و ورت نیست؟ نبینن داری فیلم می‌گیری."

نه بابا، اینجا هیچ خبری از مامور نیست. اگرم باشه جرات نمی‌کنن جلو بیان. اینقدر هانیه جان، مردم زیاد هستند که ارتش هم باشه نمیاد جلو، چه برسه به چهارتا حمال بسیجی با پینت بال و ساچمه‌ای.

مادر می‌آید نزدیک هانیه و از پشت سرک می‌کشد تو

گوشی. حامد تصویر مادر و هانیه را می‌بیند اما آن‌ها تصویر فضای روبروی حامد را می‌بینند. "سلام مادرجون."

وای مادر جون، حامد بلایی سرت نیاد. تو دیگه داری بابا می‌شی. زنت هم که حال و روزش خیلی خوب نیست. حامد جان مسئولیتت زیاده.

هانیه سرش رو می‌چرخونه به سمت مادر و با دست خیلی آرام هلش می‌ده به کنار. "اِ مامان چی می‌گی؟ چه مسئولیتی؟ من الان خودم هم باید باهاش می‌رفتم تو خیابون." دست راستش رو می‌ذاره روی شکم شش ماه‌اش و با لبخند می‌گه "آخه این بچه تو این سگدونی با این کثافت‌های دزد، دنیا بیاد که چی کار کنه؟ اگر کاری برای این بچه بشه کرد اینه که وقتی به دنیا میاد عکس آخوند رو دیوار بیمارستان نباشه. پرچم مملکتش شیر و خورشید باشه و خودش مثل اسمش رها باشه."

حامد با شنیدن اسم رها لبخند می‌زنه و رو به تصویر زنش در داخل صفحه تلفن می‌گه "می‌بینی مادر جان؟ زن معمولی ندارم، پارتیزان گرفتم. بی‌خود آیدیش پارتیزان با رژ قرمز نیست که. می‌گه و می‌خنده. "حالا چرا امروز

پارتیزان رنگ رژ لبت کم رنگه؟ نبینم حال نداری؟ اسم آیدیت رو باید عوض کنی هانیه، بذاری مادر رها."

هانیه بلافاصله جواب می‌ده "تو با این روحیه لطیفت باید حامله می‌شدی و من می‌رفتم تو خیابون. مادر رها هم شد اسم آخه؟ حامد هیچ پارک نکردی پیاده بری ببینی چه خبره؟"

حامد سمت دوربین گوشی رو برمی‌گردونه به سمت خودش و رو به دوربین می‌گه "آخه تو اصلا تو این ازدحام جای پارک می‌بینی که کسی بتونه پارک کنه؟ ولی چند باری از ماشین پیاده شدم و بقیه رو تشویق کردم بوق بزنند. هانیه خیلی این بار فرق می‌کنه، پیرو جوون انگار یک چیز می‌خوان. چادری، بی‌حجاب، با ریش، بی‌ریش، همه یک سمت ایستادن اما من هنوز در تعجبم این آشغال‌های سرکوبگر کی هستند؟ هانیه باورت نمی‌شه شاید ده تا مامور ناحیه انتظامی دیدم که انگار نگران مردم هستند و با عجله میان سمت جمعیت بهشون با دست و پا و هر جوری شده خط می‌دن که کدوم وری برن. حالا نمی‌دونم من جوگیر شدم یا واقعا اینطوریه. باورش سخته برام که

ببینم این مفلوک‌های ناحیه انتظامی هم دلشون می‌خواد مردم از تو خیابون‌ها نرن."

همین جمله تمام نشده بود که صدای شکستن شیشه آمد و تلفن از دستش روی ران پاهایش افتاد. هانیه جیغ کشید و حامد، حامد، حامد در زبانش گیر کرده بود. مادر از آشپزخانه به سمت تلفن و هانیه آمد. تلفن سقف ماشین رو نشون می‌داد. قسمتی از قفسه سینه حامد و تی‌شرت زردش که آهسته قرمز و سیاه می‌شد و صدای خرخر نفس کشیدن حامد. هانیه با دو دست شکم بزرگ شش ماه‌اش را فشار می‌داد، انگاری که می‌خواد هسته گیلاس رو با فشار دادن از دل گیلاس بیرون بده. فقط می‌گفت حامد و مادر نمی‌دونست باید چی کار کنه. نفسش گرفته بود. با یک دست، دست هانیه رو گرفته بود و با دست دیگه قفسه سینه خودش رو فشار می‌داد چون حس می‌کرد قلبش داره از جا کنده می‌شه و انگار پیرزن هفتاد ساله در حال زایمان بود. به حالت زوزه کشیدن می‌گفت "حامد جان." زمان با سرعت پخش شدن خون قرمز در زمینه زرد تی‌شرت حامد، کند شده بود تا صفحه تلفن خاموش شد.

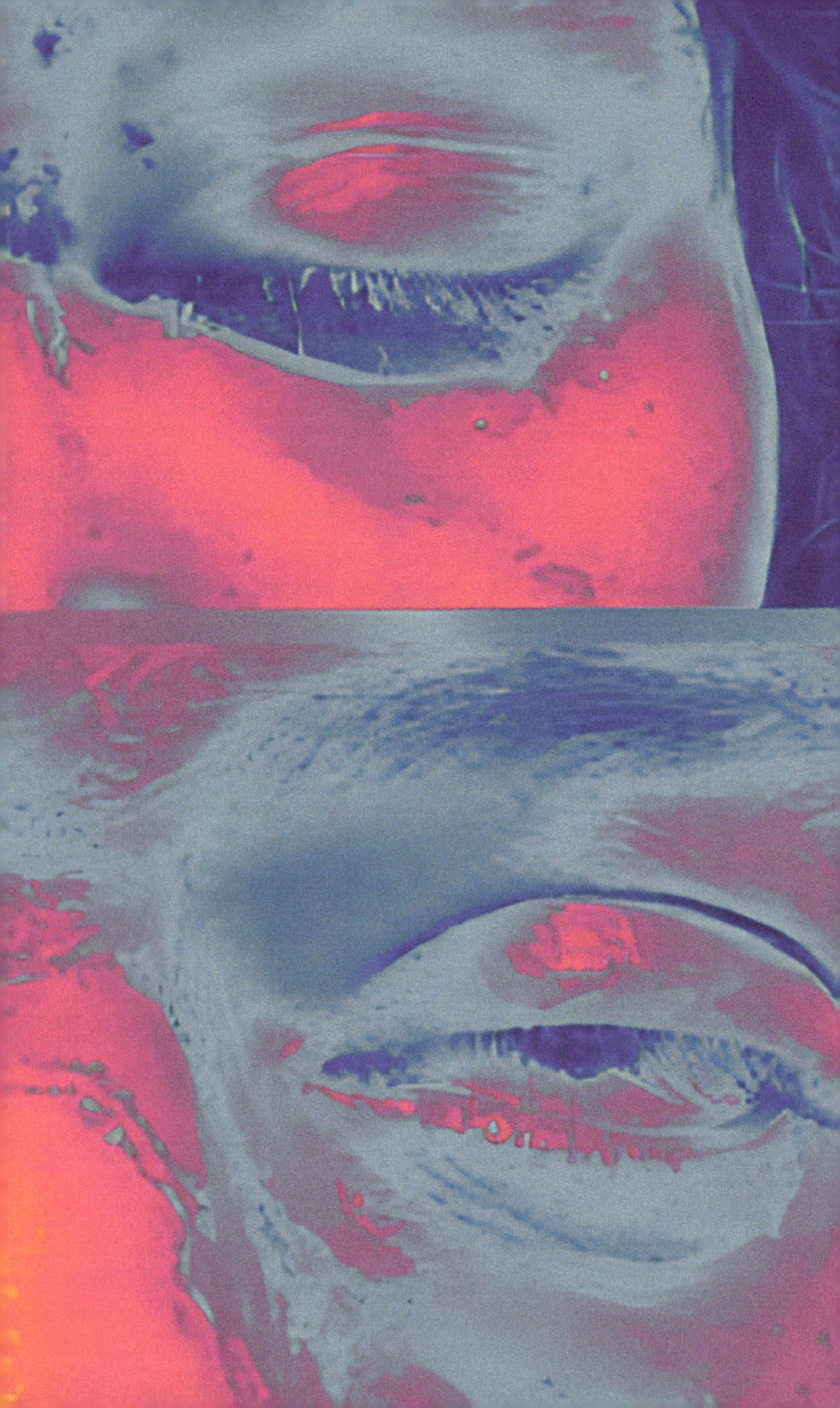

بیمارستان

بدون در زدن برای اولین بار وارد اتاق شد. پشت میز، دکتر میانسالی نشسته بود که با باز شدن ناگهانی در و دیدن چهره پریشان پرستار شیفت شب شوکه شد. "خانم ریاحی" هنوز کلامش تمام نشده بود که پرستار، که انگاری بچه‌اش را از دست داده، با بغض و صدای لرزان گفت: "دکتر تو رو خدا بیایید کمک کنید. می‌خوان ببرنش. دکتر، جوون خیلی سنش کمه. دکتر به دادش برسید."

دکتر از روی صندلی بلند شد و عینکش را از صورت برداشت و خودنویسی را که دستش بود همانطور با درب باز روی میز رها کرد. از پشت میز به سمت پرستار چند قدمی برداشت و گفت: "چی شده خانم ریاحی؟ کی رو

دارن می‌برن؟" پرستار جوان که رنگ از رویش پریده بود، با نزدیک شدن دکتر بغضش ترکید و به گریه افتاد. دست راستش را با مشت گره کرده به جلوی بینی و دهانش گرفت و در حالی که سرش را پایین انداخته بود و سعی می‌کرد چشمانش را از چشم دکتر پنهان کند، با هق هق گریه گفت: "دختر جوون مردم رو کور کردند و حتی نمی‌ذارن بهش مسکن بزنیم. می‌خوان ببرنش. اوضاعش خیلی..." جمله‌اش را از فرط گریه نمی‌توانست تمام کند.

دکتر خودش هم شوکه شده بود. تا به امروز سرپرستار بخشش را اینچنین از هم شکسته و ناچار ندیده بود. زنی که بخش اورژانس تصادفات را مثل پر روی انگشتانش می‌چرخاند، حالا جوری مستأصل شده که انگار همه چیزش را از دست داده. نمی‌دانست باید او را بغل کند یا باید به او دلداری بدهد. اما اتفاق بزرگتری در حال وقوع بود و باید به آن می‌رسید. "کجاست خانم ریاحی؟ بیا بریم."

پرستار با سرعت از اتاق دکتر بیرون جست و به حالت دویدن از راهروی سمت راست که بلندترین راهرو

بیمارستان بود به سمت بخش اورژانس قدم برداشت. دکتر ابتدا با سرعت قدم می‌زد اما به پرستار نمی‌رسید و بی آنکه بخواهد یا فرصتی برای فکر کردن داشته باشد دنبال پرستار شروع به دویدن کرد. با خودش فکر کرد این اولین باری نیست که چنین حالی را تجربه می‌کند. سال‌ها پیش وقتی انترن بود در بیمارستان رجایی، مجروحان زلزله‌ی رودبار را آورده بودند و او دو روز در بیمارستان بی‌وقفه پا به پای بقیه کارمندان و دکترها کار کرده بود.

این دویدن چیزی از همان اتفاق را به ذهنش آورده بود. اما مجالی برای فکر کردن نداشت. فقط تجربه احساسی بود که در پستوی ذهنش برای سال‌ها پنهان شده بود. پیشانیش عرق کرده بود و تصویر دست و پاهایی را می‌دید که با اره برای اولین بار قطع کرده بود. پس افتادن و غش کردن دکترها یکی پس از دیگری. هیچ کس باور نمی‌کرد جوان تازه فارغ‌التحصیل شده دو روز تمام میان آن همه خون و کشته بتواند دوام بیاورد. از همان شب زندگی او شکل گرفت و برای همیشه دکتر بخش اورژانس حوادث غیرمترقبه ماند.

پرستار به سمت چپ چرخید و دو درب پشت سر هم را باز کرد و وارد محوطه اورژانس شد. انگاری که جنگی در جریان بود. "این همه نظامی مسلح درون اورژانس چه می‌کنند؟" نظامی سیاه‌پوش با هزار اسباب و ادوات نظامی و تفنگ پینت بال و شاتگان و کلاه ایمنی و ماسک صورت و غیره. چرخش سر و چشمانش را نمی‌توانست به اختیار خودش درآورد و تلاش می‌کرد مابین این افراد پرسنل اورژانس را پیدا کند. آن‌ها لا به لای این ازدحام گم شده بودند.

علی، دکتر جوان بخش، گوشه دیوار با دست و روپوش خونی نشسته و با کف دستش به پیشانیش می‌کوبید و لب‌هایش را میان دندان‌هایش فشار می‌داد. سه پرستار دیگر بخش مثل ماده شیرهای زخمی که در محاصره کفتارها باشند لا به لای افراد مسلح جیغ می‌زدند و آن‌ها را به عقب هل می‌دادند. شش تخت در اورژانس بود اما چهار تای آن‌ها خالی بودند. بیماران هم لا به لای جمعیت التماس می‌کردند.

پیرمردی با ته ریش نتراشیده و صورت مثل گچ سفید،

التماس جوان شکم‌گنده ریش‌داری را می‌کرد که با چشمان درشت کرده بر سر ماموران فریاد می‌زد: "بیاریدش بیرون. احتیاج به هیچی نداره." فریاد می‌زد: "صالح، پنج دقیقه دیگه میاریش تو ماشین." و می‌چرخید و از درب ورودی اورژانس خارج می‌شد.

پشت در حدود بیست، بیست‌وپنج نفری همراه مریض درست مثل سالن انتظار فرودگاه از پشت سر هم سرک می‌کشیدند تا داخل اورژانس را ببینند. حراست بیمارستان یکی جلوی درب ایستاده و دیگری سعی می‌کرد با یکی از همین مامورها صحبت کند، اما صدایش شنیده نمی‌شد. همه توجه‌ها به سمت یکی از تخت‌ها بود.

دکتر ناخودآگاه خود را به تخت رساند. کنار تخت دو پسر جوان حدودای هفده، هجده ساله که تی‌شرت و شلوار جین سیاه پوشیده بودند، دست‌هایشان از پشت بسته شده و روی زمین افتاده بودند. یکی از مامورها پای چپش را روی پشت یکی از آن‌ها گذاشته و فشار می‌داد و با دستش پرستارها و مریض‌های اورژانس را هل می‌داد. پسر دیگر که جوان‌تر به نظر می‌رسید، روی زمین به شکم خوابیده و

چشمانش را از ترس بسته بود، درست مثل جوجه پرنده‌ای که پرواز نمی‌داند، روی زمین افتاده و گربه‌ای در کمینش نشسته.

دست‌های هر دو جوان خونی بود. پای راست آنکه مامور نظامی پا بر پشتش گذاشته بود از بالای ران تا ساق خونی بود، انگار ترکشی به پایش خورده و یا شاید از فاصله نزدیک به او با شاتگان شلیک کرده بودند، و این جای ساچمه‌ها بود که پیداست. یک پرستار و دو زن دیگر که روسری‌هایشان افتاده و حال نزاری داشتند، پشت به تخت ایستاده بودند تا جلوی ماموران را بگیرند. جیغ می‌کشیدند، تا جایی که صدای جیغ آن‌ها پرده گوش دکتر را می‌لرزاند. به حدی صداها در هم تنیده بود که گوش دکتر سوت می‌کشید و نمی‌توانست هیچ صدایی را مفهوم بشنود یا حتی رهیابی کند.

با خودش می‌گفت: "پس ریاحی چه شد؟" از لحظه‌ای که وارد فضای اورژانس شده بود، ریاحی را ندیده بود. او جلوتر از او به داخل محوطه آمده بود. سمیع‌پور، لیلا دختر جوان تازه پرستار شده، آن سوی تخت خم شده و با

التهاب و دلهره‌ای که قابل پنهان کردن نیست با گاز و آب اکسیژنه و دستمال روی صورت زنی که روی تخت خوابیده بود مشغول کار بود.

دکتر با دیدن مریض در کسر ثانیه‌ای به خودش آمد و حواسش را متمرکز کرد. صداها برایش شفاف‌تر می‌شدند. دستی روی شانه چپش افتاد و او را به عقب کشید. تا سر می‌چرخاند مامور نظامی را می‌بیند که می‌خواهد او را کنار بکشد. جوان است، خیلی جوان، شاید حتی کوچکتر از پسر دانشجوی دکتر. دکتر مثل پدری غضب کرده دست پسرک نظامی را گرفت و در چشمانش خیره شد و دستش را پرت کرد.

پسرک نظامی برای لحظه‌ای غافلگیر شد. دکتر از او نمی‌ترسید و همین باعث شد جا بخورد و خودش را گم کند. دکتر فریاد زد: "برید عقب. این مسخره‌بازی‌ها چیست؟" صدایش را بلندتر کرد که "مسئول حراست اینجا کیه؟" پرستار آهسته گفت: "رجبی." دکتر داد زد: "رجبی" رجبی که در همان دو قدمی بود، پیرمرد مسن و کم‌مو و فرتوتی بود با لباس فرم حراست بیمارستان و ریش سفید.

گفت: "بله آقای دکتر." دکتر به او با چشمهای درشت کرده گفت: "این چه مسخره‌بازی است، همه برن بیرون."

رجبی می‌خواست چیزی بگوید که دکتر داد زد: "همه برن بیرون فقط پرسنل." رو به مامورها با گردنی که تمام عضلاتش متورم شده بود داد زد: "همه برن بیرون"

صدای فریاد دکتر جمع را برای لحظه‌ای آرام کرد. او داد زد: "زنگ بزنید نیروی انتظامی. اینها اینجا چه می‌کنند." ماموری با پوزخند گفت: "کاری داری به خودمون بگو دکتر." پسرک جوان قد کوتاه وقیح که به زور بیست سال داشته باشد. حالت چشمانش حاکی از روان‌پریشی مزمن یا های بودن داشت. دکتر به دستش نگاه کرد، به ناخن‌های تیره. دو قدم به سمت جوان برداشت گفت: "مردک چه می‌کشی که هار شدی؟"

مامور جوان خودش را می‌باخت و چند مامور دیگه اول به او و بعد به هم نگاه کردند. انگاری کسی مچشان را گرفته باشد غافلگیر شدند. یکی که از همه عقب‌تر بود با شنیدن "چه می‌کشی دکتر" سرش را پایین انداخت و بیرون رفت. دکتر دوباره به چشم سه مامور دیگر نگاه کرد و فریاد زد:

"اینجا من دستور میدم. رجبی همه بیرون."

ماموری که پایش پشت پسر زخمی بود با دو دست یقه‌ی پسر را از پشت گرفت و او را بلند کرد که ببرد بیرون. دکتر دستش را گرفت "این زخمی است زخمی‌ها می‌مانند، باقی بیرون." مامور دستش را ول کرد و عقب‌تر ایستاد.

دکتر ریاحی را صدا زد. ریاحی هم همانجا بود. دقیقا کنارش اما او را نمی‌دید. پسر را دستش داد و به تخت کناری اشاره کرد. گفت: "بشونش رو تخت، سریع گفت اول دستش رو باز کن بعد بخوابونش." پرستار و دو زن که محافظ تخت دختر بودند مثل خط دفاعی فوتبال با عقب رفتن مامورها به جلو رفتند و فضا باز شد.

دکتر متوجه لباس شخصی شد که از اورژانس بیرون رفته بود و حالا دوباره داشت داخل می‌آمد. دکتر فریاد زد "اینجا اورژانس و من می‌گم کی بمونه کی بره. درمان تمام شد هر غلطی هرکس خواست بیرون این در می‌تونه بکنه" و اشاره به درب اورژانس کرد. خطاب به لباس شخصی"می‌خواید مراقب باشید پشت در اینجا، دو در بیشتر نداره پشت در مراقب باشید"

پسر بچه که روی زمین بود رو مامورها بلند کردند و به بیرون کشیدند. پسر ملتمسانه به دکتر نگاه کرد. دکتر هیچ جراحتی نمی‌دید و انگار دیگر رمقی نداشت. نمی‌توانست حتی داد بزند و با دهانی بسته چشمان پسر را دنبال کرد تا سرش را برگرداند و از در اصلی بیرون بردنش.

رو به لیلا کرد، لیلا ترسیده. "چی شده لیلا" به صورت مریض زن نگاه کرد و شوکه شد. زن نبود دختری بود شانزده ساله با پوست صورت لطیف و سفید و چشمانی ترکیده. لیلا بی صدا گریه می‌کرد و با گاز که آب مقطر صورت دختر را تمیز می‌کرد جفت چشمان دختر ترکیده و ناله می‌کرد. دائم می‌گفت "بابا."

لیلا سرش را بالا آورد و به صورت دکتر نگاه کرد و برای اینکه دختر صدایش را نشنود بی صدا با تکان دادن لب می‌گفت: "کور شده، جفت چشماش کور شده." دختر همچنان می‌گفت: "بابا."

دکتر ناخودآگاه دست راست دختر را در دستانش محکم گرفت و آهسته گفت: "جان بابا. نگران نباش دخترم ما اینجاییم پیش تو." لیلا انگار باری از روی دوشش برداشته

باشند عقب رفت، وزن تنش را روی دیوار رها کرد. تمام بدنش می‌لرزید. در یک دست گاز و دستمال و دست دیگر قوطی آب مقطر.

دکتر رو به لیلا با مهربانی اما طوری که او خودش را جمع کند گفت: "بهش آرام‌بخش زدین؟" و لیلا سر تکان داد به نشانه نه. دکتر صدا زد "ریاحی آرام‌بخش تزریق کن."

ریاحی سرم به دست کنارش ایستاده. دکتر همان دست راست دختر را که در دستانش بود به دست ریاحی داد. ریاحی آستین دختر را بالا زد. نقش سه پرستوی زیبای کوچک و در حال پرواز روی دستش تتو شده بود. دکتر روی دختر دولا شد خیلی آهسته با انگشتانش دور چشم دختر را فشار داد انگار که زیاد دردی حس نمی‌کرد. با احتیاط اول چشم سمت راست را که کاملا ترکیده و بعد چشم سمت چپ که ظاهری مناسب‌تر داشت را معاینه کرد.

دکتر رو به لیلا گفت: "زنگ بزن دکتر منوچهری بیاد. پیداش کن هر جا هست بگو من گفتم بیاد. هر جور هست خودشو برسونه.: لیلا با عجله از پشت تخت به سمت اتاق پرستاری

داخل بخش اورژانس رفت.

دکتر آهسته از دختر پرسید: "بابا جان اسمت چیه؟ صدای منو می‌شنوی؟" دختر جوابی نداد. دکتر صورتش را به صورت دختر نزدیک کرد و پرسید: "دخترم اسمت چیه عزیزم؟" دختر کمی سرش را به سمت صدای دکتر چرخاند و با صدای بریده گفت: "ساناز." دکتر پرسید: "ساناز جان چند سالته؟" دختر گفت: "شانزده" و چشمان دکتر پر از اشک شد.

ریاحی آمپول آرام‌بخش را آماده کرده بود تا داخل سرم بزند. دکتر دستش را جلو برد و مانع شد. سرش را نزدیکتر به گوش دختر برد و آهسته پرسید: "ساناز جان شماره تلفن بابات رو حفظی؟" دختر با چشمان ترکیده و صورت زرد پوشیده از خون که بخشیش رو لیلا شسته بود سرش را به نشانه تایید تکان داد.

دکتر گفت: "بگو دخترم چنده زنگ بزنم بیاد پیشت؟" و دختر شماره را آهسته و شمرده تکرار کرد و دکتر در حالی که به دورش نگاه می‌کرد تا مطمئن شود کسی او را نمی‌بیند از جیب تکه کاغذ و خودکاری بیرون آورد. رجبی

مامور حراست با لباس شخصی ایستاده بود. رجبی دکتر را دید. او هم متوجه بود. دستی به شانه مامور لباس شخصی انداخت و سعی کرد چیزی از تلفنش به او نشان دهد تا حواس مامور پرت شود.

دکتر تلفن را یادداشت کرد دوباره خیلی آهسته برای دختر خواند تا مطمئن بشود. "فامیلیت چیه؟" دختر گفت: "عباسی" دکتر با پشت انگشتان دستش کنار چانه دختر را نوازش کرد. "نگران نباش بابا جان من اینجا هستم تا پدرت برسه." آمپول آرام‌بخش را از دست ریاحی گرفت و کاغذ را با احتیاط تا کرد و کف دست ریاحی گذاشت. یواش به او گفت: "برو از اتاق من به پدرش زنگ بزن، کاغذ رو هم بعدش بزار تو کشوی میز من." ریاحی سرش را به نشانه تایید تکان داد و آهسته چرخید و به سمت در دیگر سالن اورژانس رفت.

دکتر در حالی که آرام‌بخش را داخل سرم تزریق می‌کرد، رو به دختر گفت: "ساناز جان دخترم آرام باش ما اینجا هستیم کنار تو" و آهسته گفت: "پدرت هم در راه است." با پشت دست دوباره صورت دختر را نوازش کرد و بی‌اختیار

باز تکرار کرد: "آرام باش دختر ما اینجا هستیم." چرخید تا به حال پسری که ظاهرا دختر را به بیمارستان آورده بود، برسد.

باز تکرار کرد: "آرام باش دختر ما اینجا هستیم." چرخید تا به حال پسری که ظاهرا دختر را به بیمارستان آورده بود، برسد.